スウェーデン宣教師が写した
失われたモンゴル

都馬バイカル
TOBA Baikaru

桜美林大学 叢書 vol. 006

J. F. Oberlin University

はじめに

本 書 に 収 め た 写 真 に つ い て

　スウェーデン人宣教師のJ・エリクソン（Joel Eriksson、彼については後述）は、モンゴルに滞在している間（1913年〜1938年、1947年〜1948）に数多くの写真を撮っている。同氏は1977年頃、視力を失ったため、ウプサラ大学のS・ローゼン（Staffan Rosén）教授の協力によって写真が整理されたが、撮影した写真に関するスウェーデン語でのメモ書きには不明、不詳な点も少なくなかった。

　1985年、95才の高齢となったJ・エリクソンは、これらの写真（J・エリクソン以外の人によって撮影された写真も含む）を故郷のウプサラ大学の図書館に寄贈し、2年後の1987年に97才で故郷のウプサラで他界した。

　S・ローゼン教授が提供した「J・エリクソンの写真集」（Joel Eriksson fotosaml）の目録によると、以下のように分類されていた（分類項目のあとの数字は写真の枚数）。

1. 民族誌Ⅰ　　a) 住居 48　　　　　b) 衣装・宝飾 98
   民族誌Ⅱ　　c) 農耕作業 47　　　d) 牧畜 91
   民族誌Ⅲ　　e) 災害と生活困難　 f) スポーツ・ゲーム 28
   　　　　　　g) 交通運輸 48
   　　　　　　h) 人物 27　　　　　i) 歌手・音楽家
2. ラマ教・シャーマニズム 99

　2018年1月、著者はスウェーデンに赴き、ウプサラ大学のS・ローゼン教授と国立民族誌博物館のH・ウオルキスト（Håkan Wahlquist）教授の協力により、ウプサラ大学図書館に保管されているJ・エリクソンが寄贈した1384枚の写真のスキャンを入手し、研究に着手した。

　著者はスウェーデン国において、H・ルンデン氏（Heléna Lunden、58才、J・エリクソンの孫娘で、P・エリクソンの娘）、E・マルテンソン氏（Evert Marthinson、84才、『新約聖書』のモンゴル語訳者で、宣教師A・マルテンソンの息子）、A・B・ニルソン氏（Anna-Britta Nilsson、90才、モンゴル語スウェーデン語辞書の編集者で、宣教師S・スカルスジョの三女）とS・ウッラ氏（Ulla Sylven、88才、S・スカルスジョの四女）らの関係者にインタビューした。なお、中国内モンゴル自治区シリンゴル盟フブートシャル（鑲黄旗）においてブリンチョグト氏（84才、両親はグルチャガン宣教所で信徒となった）、台湾でトゥブシンバヤル氏（84才、モンゴル人キリスト教徒で、『新約聖書』のモンゴル語訳者の一人であるリンチンドルジの長男）にインタビューした。これらのインタビューにより、被写体となっている人物及び撮影された場所の一部が確定できた。

　さらに当時、モンゴルを訪問したスイス人で記者兼写真家W・ボスハルト（Walter Bosshard）とデンマーク人探検家H・ハスルンド（H・Haslund）及び宣教師たちの著作と回想録等も参考にし、被写体とその場所等について考察した。特に現地調査をしたことにより、モンゴルでの宣教所の具体的な場所をすべて特定することができた。

こうした研究成果を踏まえ、著者はその都度、国際学会で発表し、研究者たちと意見交換、情報交換をしてきた。2018年8月、モンゴル国立大学の国際シンポジウムでの「宣教師の目に映った20世紀初頭のモンゴル─J・エリクソンが撮った写真を中心として」を、9月、モンゴル文化教育大学の国際シンポジウムでの「スウェーデンモンゴルミッションの文化活動─J・エリクソンの撮った写真を中心として」、11月、日本の昭和女子大学で開催された国際モンゴル学会アジア大会での「宣教師のカメラに映ったモンゴル」というシリーズ研究での発表等を挙げることができる。

　ここでことわっておきたいことは、J・エリクソンは、チャハル地域（現在の中国内モンゴル自治区シリンゴル盟とウランチャブ市）を主な宣教活動地域としていたため、彼が撮影した写真は、ほとんどが内モンゴルで撮ったものである。したがって、現在はモンゴル国のウランバートル地域に置かれたウルガ宣教所とその地域の写真は数枚、存在するのみである。

　本書は、ウプサラ大学図書館に保管されている1384枚の写真の中から530枚を抜粋し、それを6章に分類し、著者の調査によって明らかとなった被写体に関する情報を加えて編集したものである。

（一）　スウェーデンモンゴルミッションについて

1）スウェーデンの宣教師がモンゴルに向かった背景

　1887年、カナダ国籍の神学者で、作家・作曲家でもあったA・B・シンプソン牧師（Albert Benjamin Simpson、1843年12月15日〜1919年10月29日）は、アメリカのニューヨークで超教派の宣教団体であるキリスト教宣教団（Christian and Missionary Alliance, Alliance Church）を創設し、「世界宣教」を目指した。彼らは、特に教会が設立されていない地域での宣教活動を主に実践することを目指していた。

　このキリスト教宣教団は、主にスウェーデン系アメリカ人によって構成されていて、創設から6年後の1893年、当時、教会が皆無だったモ

ンゴル地域への宣教活動者をスウェーデンで募集した。結果的に男女26名の青年がこれに応じたのだった。彼らはイギリスで6週間の研修を受けたのち、中国北部地域と万里の長城に近いモンゴル地域（現在の中華人民共和国内モンゴル自治区中西部地域）へ宣教師として派遣された。

　モンゴル地域が選ばれた理由について、当時、宣教師として派遣されたF・A・ラルソン（Frans August Larson）は、「イギリスの宣教師ジェームズ・ギルモアが書いた『モンゴル人の友となりて』に刺激された」と述べている。

　無論、理由はこれだけではなく、それ以外にも個々人のモンゴルへ布教活動に向かう思いはさまざまだったと推測される。ただ、キリスト教布教という活動でモンゴル地域がまったくの未開拓地域であり、布教活動の必要性を強く感じたこと、そして、スウェーデン宣教師たちによるモンゴル地域での宣教活動のフロントランナーが、この1893年のF・A・ラルソンらの宣教師だったという事実は間違いないだろう。

2）スウェーデンモンゴルミッションの誕生と挫折
　1897年9月、TEAM（福音同盟ミッション）の創始者であるF・フランソン牧師（Fredrik Franson）は、スウェーデンのボルネス市で集会を開催した。その集会に参加した二人の若い宣教師E・エネロス（Eva Eneroth）とG・エネロス（Georg Eneroth）は、モンゴルへ宣教活動に行くことを決意した。

　一方、F・フランソンは翌10月にストックホルムで、モンゴルの現状について講演し、モンゴルでの宣教活動への経済的な支援を呼びかけた。

　それからおよそ半年後の1898年5月、E・エネロスとG・エネロスの2人は、ロシアのオムスクとセミパラチンスク（現在のカザフスタン共和国）を経由して、西モンゴルのトケテジカ（Tjugutjak、現中国新疆ウイグル自治区タルバガタイ地区チェクチャク市、中国名：塔城）の地に到着したものの、E・エネロスが重病を患ってしまい、やむなく二人は、この地に留

まることを諦め、12月に帰国を余儀なくされた。

それからさらにおよそ1年後の1899年9月、スウェーデンモンゴルミッション（Svenska Mongolmissionen、以下SMMと記す）が正式に設立された。当時のスウェーデン王子だったO・ベルナドッテ（Oscar Bernadotte）が会長に就任した。

こうして翌10月、K・ヘレベルグ（Karl Helleberg）夫妻とE・ワルステッド（Emil Wahlstedt）の三名がモンゴルに派遣された。

K・ヘレベルグ夫妻は、これより前にアメリカのキリスト教宣教団の宣教師として、中国山西省で5年間（1893～1898）宣教活動をした経験があった。彼らは、10月13日にスウェーデンから出発し、11月18日に上海に到着、その後、およそ1500キロ離れた、万里の長城に接したモンゴル地域への入り口とも言える張家口にようやく着くことができ、そこでF・A・ラルソンと合流した。

1900年春、F・A・ラルソンは、駐清国イギリス副領事C・W・キャンベル（C.W. Campbell）と一緒にモンゴルでの学術調査のため、張家口を離れ、内モンゴルのチャハルのハラオスに入り、ラクダ10頭と馬9頭を購入し、調査の準備をしていた。ちょうどそのとき、「扶清滅洋」を唱え、宣教師や外交官を殺害し、各国大使館を襲うなどした「義和団事件」が起こり、北京と保定（河北省）で宣教活動をしていた宣教師たちは張家口を経由し、ハラオスに逃げてきた。そこで、アメリカ人宣教師6名、スウェーデン人宣教師6名と子供6名、F・A・ラルソン夫妻とその子供2名の合計24名が、モンゴルを経由して帰国した。しかし、内モンゴルの包頭を経由し、外モンゴル（現モンゴル国）に向かったSMMのK・ヘレベルグ夫妻とE・ワルステッドは、残念ながら途中で殺害された。こうしてSMMの宣教活動は挫折した。

3）モンゴル草原に造られた最初の宣教所

1905年、SMMは宣教師の派遣事業を再び開始した。SMMは宣教師の募集にあたって、主にキリスト教への強い信仰心と幅広い教養、そして医学の基礎知識と技能（女性の場合は看護の基礎知識と技能）など

の有無を選抜の基準とした。こうして選抜された宣教師にはさらに特別研修を受けさせてから派遣するようにしていた。

義和団事件後、モンゴルに宣教師として派遣されたH・リンドブロム (Hanna Lindblom) とE・カーレン (Edvin Karlén) は、1906年から張家口を拠点としてモンゴル地域に行く準備をしていた。1907年夏、二人は、内モンゴルのチャハル・シャンド・アドーチン旗タブンオーラ (Tabun Aγula 現内モンゴル自治区ウランチャブ盟化徳県土城子郷特布烏拉村) でテントに住みながら、医療活動を行っていたが、同年11月に、二人は張家口で結婚した。

1908年夏、カーレン夫妻は、内モンゴルのチャハル・シャンド・アドーチン旗ハローンオス (qalaγun usu 現内モンゴル自治区ウランチャブ盟化徳県朝陽郷新囲子村) で土レンガの建物を造り、「チャハル・シャンド・アドーチン旗ハローンオスのイエズス会」(Čaqar šangdu aduγučin qasiγun-u qalaγun usun-u eyisüs-ün surγal-un orun) と名付けた。これがSMMがモンゴル地域に設置した最初の宣教所となった。

二人はこの建物を主に診療所として活用していた。そして、診療所に来ることができない重病の患者や急病の患者を治療するため、往診もしていた。凍える寒さの中、遊牧民のテントに泊まり、凶暴な野生動物が出没する恐怖に襲われ、一睡もできずに夜の明けるのを待つこともよくあった。2人の献身的な診療活動は、遊牧民に高く評価されていた。だが、1909年4月4日、H・カーレンは流産し、それが元で病死した。

SMMの宣教師たちは堅い信仰心とモンゴルにキリスト教の愛と光を与えるために、様々な困難と危機を乗り越え、2人の献身的な行動が草原の人々を次第に感化していたようで、H・カーレンが病死した一週間後、モンゴル人のゲンデンとナンジェー夫婦が洗礼を受け、記録に残された最初のモンゴル人キリスト教徒となった。

1910年、印刷技術に優れたM・ハーバーマーク (Magnus Havermark) がハローンオス宣教所でモンゴル文字の活字印刷に取り組んだ。1912年、教育者G・オレン (Gerda Ollén) がF・A・ラルソンの要請により、

タブンオーラで教会学校を建て、教育を行った。1913年、医師J・エリクソンはハローンオス宣教所に派遣され、医療活動に従事した。この3名の宣教師の到来により、ハローンオス宣教所は、医療活動と教育活動を宣教活動の一部として行うようになった。それが、その後のモンゴルにおける宣教事業のひな形となった。

1919年、この年はハローンオス宣教所にとって成果を収めた年となった。モンゴル語訳の『新約聖書の概要』『旧約聖書の概要』などの書籍とモンゴル語のしおりを活字印刷によって出版できたからであった。これは、当時のモンゴル地域の印刷出版事業に新しい時代を開いたと言っても過言ではないだろう。またスウェーデン語誌『Ljusglimtar fran mongoliet』が正式に創刊された。

4）草原に輝く十字架
SMMはハローンオス宣教所を本拠地として、1919年から1924年までの5年間にウルガ、グルチャガン、ドヨンという3つの宣教所を建設し、モンゴルでの宣教所は全部で4箇所となり、1928年には本拠地をハローンオスからその後に建設されたハダンスムに移した。

①ウルガ宣教所（1919～1924）
1919年、G・オレンは、若い宣教師で看護士のG・ニルソン（Gerda Nilsson）と共にウルガ（現モンゴル国首都ウランバートル市）に赴き、そこで診療所を開いた。「スウェーデン基督教会から派遣された医師が主の愛により、ここで病人と受難した人々の世話をする」という内容の看板を掛け、医療活動を行った。また診療所の廊下を利用して、学校とも言える学びの場を置いた。

毎日、平均すると40～50人に診療活動と看護活動を施していたため、過剰な仕事量が若い看護師G・ニルソンを過労死させてしまった。

1924年4月、外モンゴル（現モンゴル国）のモンゴル人民革命党政権が、すべての宣教師に5月27日までに外モンゴルからの出国を命

じたため、やむを得ず宣教師たちはハローンオス宣教所に戻るしかなかった。

②グルチャガン宣教所（1922 ～ 1943）

1922年、M・ハーバーマークはチャハルのグルチャガン旗チャイルト（Čayiratu）（現内モンゴル自治区シリンゴル盟フブートシャル旗ナランオーラ（naran aɣula）に宣教所支所を置き、一年後に学校を建てた。この地域は、シャーマニズムを信じるバルガ族が住んでいた。

1926年には、T・オレン（Teodor Ollén）医師の妻M・オレンが死亡した。また、1930年には、S・スカルスジョ（Sven Skallsjö）とT・オレンも病死した。当時、この地域では伝染病が流行っていて、彼ら3名の宣教師たちは、遊牧民を治療する過程で伝染病に感染して、死亡したと思われる。S・スカルスジョは、モンゴル語とスウェーデン語辞書の編纂と出版を目指していたが、志半ばで亡くなった。

1934年、盗賊に襲われ、モンゴル人信徒が連れ去られ、殺害されるという事件が起きた。

1943年2月15日、P-G・スヴェンソン（Paul-Georg Svensson）と教会のモンゴル人信徒がソ連のスパイという容疑で日本軍に逮捕されたことで、グルチャガン宣教所の活動が停止に追い込まれた。

③ドヨン宣教所（1924 ～ 1942）

1924年、ウルガから追放された宣教師たちは、ハローンオスで集会を開き、新たな拠点を開拓する決議をした。そして、G・オレンがチャハルのグルチャガン・ホニン・スルグ（正白羊群郡）のドヨンという樹木が豊かに自生していた土地にゲル（モンゴル遊牧民が居住用に使うテント）を建て、布教活動を開始した。1926年にはレンガの建物を造ったものの、宣教師不足により、G・オレンと他の宣教師は別の宣教所に移動することになり、6年（1928 ～ 1934）の間、「宣教師がいない宣教所」となった。1934年宣教師たちがドヨンで集会を開いた。

1936年8月、宣教師F・ペンソン（Folke Persson）とマルギテ（Mergith）

はドヨンで結婚した。のちに二人はG・オレンがドヨンに戻ったことで、医療活動と聖書の翻訳を主な事業として携わった。1942年、この地域で猩紅熱が流行し、F・ペンソン宣教師の子供が感染して亡くなった。

戦乱と病気、そして宗教間の対立などの困難な諸事情が重なったことから、宣教師たちは北京やその他の土地の宣教所に移動し、ドヨン宣教所は事実上、閉鎖された。ただ太平洋戦争により、日米関係が悪化したことが、ドヨン宣教所が閉鎖に追い込まれた、もう一つの理由となったと考えられる。

④ハダンスム宣教所（1927 ~ 1944）

最初の宣教所であるハローンオス宣教所の周辺地域には、次第に中国内地から中国人農民が入植し始めた。そして、その数が増えるにしたがって、治安も乱れ、盗賊も常に出没し、社会は混乱していった。遊牧民のモンゴル人は定住する中国人に牧草地を奪われ、モンゴル人はやむをえず、北の草原に逃げるしかなかった。

1927年、こうした状況からハローンオス宣教所の診療所、孤児院、学校、印刷工場もモンゴル人と共に北方の草原に移動し、ハダンスム（現内モンゴル自治区フブートシャル旗）という廃廟を利用し、活動を続けた。1928年夏、ハローンオス宣教所の建物を解体し、その材料をハダンスムに運び、診療所と印刷工場及び居住用の建物を建て、宣教活動は軌道に乗った。1929年、有名な探検家スヴェン・アンダシュ（アンデシュ）・ヘディン（Sven Anders Hedin）がここを訪問し、J・エリクソンとA・マルテンソンの活動を高く評価することになった。注目したいのは、この地の宣教師たちは、欧米の探検家・研究者・旅行者たちがモンゴル地域への旅行をする際には通訳・ガイド兼顧問の役をはたした。

1934年、内モンゴルで最初の自動車学校を設立し、モンゴル人に自動車の修理と運転を教えた。1937年になると日本軍のモンゴル占領と連動していると考えられるが、日本人が教会に頻繁に立ち寄るように

なった。そして決まったように「あなたたちはどこから来た?ここで何をしている?宣教師は何人いる?以前はどこにいた?」等々の質問をした。

J・エリクソンは聖書協会の委託で四つの「福音書」をモンゴル語に翻訳し、その一部を印刷した。筆者の調査によれば、SMMは1919年から1936年までに『新約聖書概要』『讃美歌』などキリスト教関係書籍を43冊、『モンゴル語』『算数』『修身』など教科書を4冊、卓上暦1部、しおり数百枚を印刷した。これは、モンゴルの印刷史及びキリスト教史において、特筆すべき事業であると考えられる。

1941年、SMMの宣教師たちの努力によって日本の占領地となっていた徳王政権下の首都・張家口で宣教師大会が開催され、10カ国、80名の宣教師が出席した。その後、日中戦争により社会情勢はますます悪化し、1944年3月、SMMの宣教師たちはモンゴルから離れ、宣教所は事実上閉鎖状態となった。

5)　終戦後の動き

日中戦争終結後、宣教師たちは再び内モンゴルに戻り、宣教活動の再開を目指したが、中国内戦が勃発し、実現できなかった。一方、A・マルテンソンとG・オレンが張家口でモンゴル人でクリスチャンだったリンチンドルジらと共に聖書の翻訳を続けていた。1949年、中華人民共和国が誕生すると、聖書翻訳の事業に従事していた宣教師たちは、香港に移り、そこでモンゴル語の『新約聖書』を完成させた。1952年のことだった。

1950年頃から、F・ペンソン夫妻、E・ボーリン (Edvin Bohlin) 夫妻、A‐L・トシェル (Anna-Lisa Thorsell)、E・アルメフォース (Elsa Almefors) とJ・エリクソンの息子P・エリクソン (Paul Eriksson) らは、あいつぎ日本に移り、東京の渋谷区と北海道室蘭市で宣教活動を行い、SMMはSMJMと名称を変え、「スウェーデンモンゴルジャパンミッション」となった。1982年、中国ミッション (1887年設立) と統合され、スウェーデン東亜福音会 (Evangeliska Östasienmissionen) となり、現在に至る。

SMMは1898年から1944年までに33名の宣教師をモンゴル地域に

派遣した。そのなかで、3名が殉教し、5名が病死した。また、3人の子供がモンゴルで夭折した。

　当時、キリスト教圏では「モンゴルで宣教事業を進めていくためには、たとえ勇敢で情熱的な宣教師であっても、それだけでは決して容易にできることではない。信念と忍耐力が苦しい試練に鍛えられ、肉体も厳しさに試されてこそ、任務を遂行する事ができる」と見られていたのだった。

　SMMは戦乱が続くモンゴルで、厳しい自然環境のなか、言語と文化の壁を乗り越えながら宣教活動を行ったのだった。宣教師たちによる医療活動と教育活動はモンゴルの開明化に歴史的に大きく貢献をしたと言える。また、社会福祉と社会救済活動というものが、モンゴル社会の発展に多大な影響を与えたことは疑いの余地がない。

　本書に収録した写真が1913年から1938年までの当時のモンゴル社会の実態と宣教活動を理解する上で、貴重な資料になることは言うをまたないだろう。

（二）　J・エリクソンと彼の写真コレクション

　J・エリクソンは、1890年5月25日にスウェーデン王国のウプサラ市ハッデンギ村に生まれ、イギリスのリヴィングストン大学（Livingstone College）で医学を学び、1913年11月、SMMの宣教師としてモンゴル教区のハローンオス宣教所に派遣された。1918年、ハローンオスで宣教師A・マリア（Annie Maria）と結婚した。A・マリアは、1890年8月25日、スウェーデン王国ヨシショーピング市に生まれ、1913年11月、SNM（スウェーデン・アライアンスミッション、Svenska Alliansmissionen）により、中国に派遣された。結婚の翌年、1919年に長女が生まれ、長男は1921年に一時帰国する船上で産声を上げ、次女は1927年にハローンオスで誕生した。

　J・エリクソンは多才な宣教師であった。彼は医者として、内科、外科を問わず患者を診療し、腫瘍と眼の手術まで行っていた。1926年、

グルチャガン宣教所にいたJ・エリクソンと医師T・オレンは、中国当局の強い要請により張家口に赴き、そこで国民党軍隊の負傷者の治療に当たったこともあった。

1935年からJ・エリクソンはイギリスの聖書協会の委託で四つの『福音書』をモンゴル語に翻訳し、その一部が印刷された。この翻訳事業にはG・オレンとモンゴル人信徒ダシジャブが加わっていた。

1935年冬、チャハル全域、シリンゴル盟南部とウランチャブ盟東部地域でゾド（豪雪災害）に遭い、家畜の80パーセントが失われた。この状況を目の当たりにしたJ・エリクソンは、F・A・ラルソンと共に祖国のスウェーデンに電報を送り、援助を要請した。探検家S・A・ヘディンとH・ハスルンドらがこの自然災害について、欧州で報道し、支援を呼びかけた。そのおかげで支援金が届き、J・エリクソンとF・A・ラルソンは、その支援金で牛を買い集め、被災した遊牧民を助けた。本書に収録した雪に覆われたゲルと家畜の死骸の写真は、1935年の冬と1936年の春に撮ったと思われる。

J・エリクソンは1938年に帰国し、SMMの責任者兼秘書となった。1947年、終戦後、再びモンゴルに派遣され、彼はモンゴルからチベットまでの広域での宣教計画を立てていた。

1948年冬、張家口でブリヤート・モンゴル人への救済活動をしながら、G・オレンとモンゴル人信徒リンチンドルジらと一緒に聖書のモンゴル語翻訳にも携わっていた。この翻訳事業にはA・マルテンソンとアメリカ宣教師のS・J・グンゼル（S.J.Gunzel）も協力した。しかし、中国での国民党と共産党との内戦により、張家口も最前線と化したため、宣教師たちは、包頭（現内モンゴル自治区包頭市）へ移り、包頭西側のパーズボランに近い場所にゲルを建てて「テント宣教活動」を始めた。ここは黄河の北側に位置していて、当時はその周辺に難民キャンプもあった。難民キャンプにはモンゴル人のほか、中国人が多数、避難生活を送っていた。J・エリクソンは、ほかの宣教師と共に、これらの難民に診療活動を行い、時間の合間を縫って聖書の翻訳も続けていた。その後、比較的条件の良い、あるモンゴル貴族の建物に転居し

たが、J・エリクソンは、激しい疲労から健康を害し、帰国を余儀なくされた。帰国する船の中で、ある日本人牧師と出会い、日本での「福音を広める可能性がある」ことを知らされたのだった。

1949年にスウェーデンに帰国したJ・エリクソンは、SMMに勤め、ドイツのミュンヘンに避難してきたカルムイク・モンゴル人を支援する活動を行った。又1950年からは日本での宣教活動を開拓し、自分の息子であるP・エリクソンを含む10数名の経験豊富な宣教師を派遣した。

J・エリクソンは、日本におけるスウェーデン人の宣教事業に決定的な役割を果たした人物である。

スウェーデン宣教師が写した失われたモンゴル

目次

スウェーデン宣教師が写した
失われたモンゴル

第1部

今は無き
モンゴル一端

ここには、現在では消えてしまったモンゴル人の伝統的な習慣や風俗が窺える写真を収めた。たとえば、挨拶としてお互いの嗅ぎタバコを交わす姿、風葬の様子などがそれである。

　嗅ぎタバコをお互いに交わす習慣は、モンゴル人の独特の挨拶の方法で、清朝時代にはモンゴル地域で広く行われていたが、現在では中国「内モンゴル自治区」からは完全に消え去ってしまった。ただし、モンゴル国では最近、この習慣が復活したのか、時折、見かけるようになっている。

　モンゴルブフ（モンゴル相撲）は、地域によってその衣装とルールが異なり、それをモンゴル文化研究者のラシツェレン氏は五つのジャンルに分類している。J・エリクソンの撮った写真は、内モンゴルの「ザンガット・ブフ」である。「ザンガ」とは、鮮やかな色の絹生地で作り上げられた首輪を言い、優れた力士の首にかける象徴的なものである。

　20世紀初頭の内モンゴルでは、盗賊が頻繁に出没していた。現在、スウェーデンに住む宣教師たちの子供は、全員が盗賊の襲撃に遭った経験を持っている。内モンゴルに生まれ、12才までモンゴルで生活していたS・ウッラは、次のように回想している。「当時、モンゴルでは盗賊が多かった。数人のグループから数十人のグループまであった。ほとんどが中国の軍隊からの脱走兵だった。ある夜、私たちの部屋のドアが叩かれ、「早く山に逃げろ。盗賊が来るぞ」とモンゴル人男性が叫んだ。私たちはすぐ裏山に逃げ、山の谷で身を隠し、一晩を過ごした。翌日の昼頃、戻ってみると、宣教所にあった物はすべて持ち去れてしまっていた。近くに住んでいたモンゴル人一家の夫婦が殺され、8歳の息子は軽傷、2才の娘は重傷を負っていた。男の子は親族の意向によりお寺に入り、ラマ僧になった。女の子は母が養子として面倒を見ることになった。その女の子の名前はロルガルマだった。母が彼女を抱いて北京の病院に数回連れて行き、手術した結果、彼女は回復し、元気になった。1938年、私たちが帰国する際、彼女をスウェーデンに連れて行くことができなかった。教会が定めた厳しい制限と、彼女を

連れて行く交通費を捻出することができないなど経済的な問題もあった。やむを得ず、宣教師F・スヴェンソンに面倒を見てもらうことになった。スウェーデン帰国後、母はいつもロルガルマのために祈っていた。ロルガルマは、その後北京で結婚し、公務員として働いていた。彼女が子どもに恵まれなかったのは、盗賊から重傷を負わされたことが原因だった。母が毎日彼女のために祈っていた意味が、その時になってようやく分かった」。

　チャハル・シャンド・アドーチン旗のモンゴル人は、ハローンオス地域で遊牧することができなくなり、現在の地域より若干、北方に位置する草原へ逃げてきた人びとである。飢饉と戦乱から逃げてハローンオス地域に入植してきた中国人は、草原地帯を開墾し、農業を営み始めた。彼らの定着にともない、中国人の人口も急に増えてきた。さらに中華民国政府は、1932年にハローンオス地域で中国人の人びとを統治する目的から行政機関として「設治局」を置き、1934年には、この地域を中国的な「化徳県」という行政地区名称に変更した。現在、化徳県は内モンゴル自治区ウランチャブ市に属し、その面積は2522㎢（東京都の面積よりさらに400㎢ほど広い）、人口は16万人を超えている。J・エリクソンは、当時のハローンオス地域に中国人が入植し、開墾していく（モンゴル人には草原や牧草地の略奪と破壊を意味した）姿をカメラに収めていた。

　風葬の習慣は、外モンゴルでは20世紀半ばまで、内モンゴルでは1970年代までに一部の地域に残存していたが、現在は完全になくなってしまっている。

　「旅蒙商」とは、モンゴル地域で商売する中国人の商人のことである。主に物々交換を原則とし、日常用品でモンゴル人の家畜や畜産品（皮毛など）と交換していたが、中には不法な高利貸やアヘン商売、さらには人身売買までしていた悪徳商人もいた。

　点在する牧民のゲルを回って歩く商人もいれば、モンゴルの寺院や役所の周辺で商店を構える者もいた。

挨拶

嗅ぎタバコを交換しながら挨拶
（若者は両手で）

嗅ぎタバコを交換しながら挨拶（同年代は片手で）

モンゴル式挨拶（若者は両手を上に）

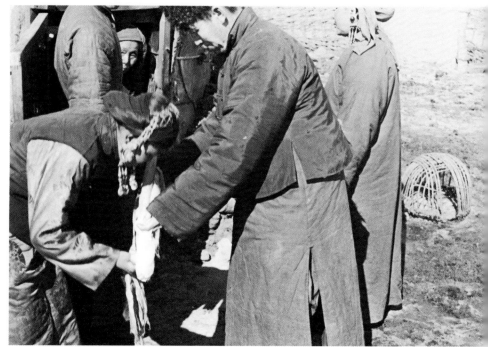

ハダグを持って、挨拶する男女

上・下とも挨拶後に煙管で一緒に一服

相撲

ザンガを首につけた
モンゴル相撲の常勝力士

草原の相撲大会

上・下とも草原の相撲大会

競馬

競馬に参加する少年たち

発走地点に向かう

疾走する少年たち

宣教師と少年騎手

楽器と
芸人たち

上・下とも馬頭琴を弾く芸人

上・下とも琴を弾く芸人

上・中・下とも草原を移動しながら四胡を弾く芸人たち

弓に興じる役人

宣教師がモンゴル貴族と将棋

武装組織（馬賊）か？

第1部│今は無きモンゴル一端

風葬

番犬

狩猟

自然災害で死んだ家畜

救済活動

教会で食料を配る

国外からの支援物資を運ぶ自動車隊

上・下とも自動車隊の人びと

旅蒙商

モンゴルの奥地にまで入り、
商取り引きをしていた
中国人商人たちを
「旅蒙商」と言った（上・中）

モンゴル文字の看板を出している
中国人の店（下）

旅蒙商による人身売買

ラクダの背に乗せられたカゴに、わずかに二人の子供の頭が見える

二人の子供の顔が明瞭に写されている

中国人による開墾

入植した中国人の開墾はモンゴル人にとっては牧草地（草原）の略奪と破壊に繋がった（上・下）

中国人農民

飢饉から
逃げてきた
中国人

第2部

遊牧生活・
家畜

モンゴルの牧民は地域にもよるが、馬、牛、ラクダ、羊、山羊など5種類の家畜を放牧して生活を営んでいた。

　チャハル・シャンド・アドーチン旗は、清朝の軍馬を放牧する特別な旗であった。J・エリクソンの写真には、馬を放牧するアドーチン（馬の放牧者）が馬を捕まえる様子、乗馬している様子、馬乳を搾乳している様子、競馬や馬の群れ、馬車などの馬に関わるものが多く含まれている。

　馬はモンゴル人たちの乗り物として主に使われ、上記の5種類の家畜を放牧する際には欠かせなかった。また、夏の季節、牧民は馬の乳を搾り、チゲーという馬乳を撹拌して発酵させた飲み物（モンゴル国ではアイラグ、ロシアではクミスと呼ぶ）をつくり、老若男女を問わず、水代わりに飲むのが一般的であった。

　カルピスの創始者である三島海雲氏によりチゲーは日本に乳酸飲料として紹介された。

　各地域のモンゴル人は馬の縦髪と尻尾で糸や紐を作る。ただ、ほかの地域と違って内モンゴルのチャハル地域では、馬肉を食べる習慣は殆どない。

　牛はモンゴル人にとって、主に乳を搾って、乳製品に加工するほか、肉は食材でもあったが、遊牧地を求めて地域を移動する際に家財道具を運搬する牛車を牽引する大事な役割も果たしていた。20世紀80年代までは、内モンゴルの牧民は荷物の運搬の際、牛車を利用していた。モンゴル国では、現在でも使っている地域がある。

　チャハル地域の乳製品は特に種類が多く、製品化技術も高い。かつては大ハーンの宮廷に乳製品を貢いでいた。

　また、牛肉は主に冬に食べる食品であった。チンギス・ハーン軍隊の秘密の食料品として、牛の精肉を干して作るボルチ（干し肉）という保存食品があった。この食品を作る技術を見出したモンゴル人の間では、「百日後に牛肉は薬となり、羊肉は毒となる」と語り継がれている。

　ラクダは冬季の乗り物で、特に冬季の荷物の運搬には適していた。羊と山羊の肉は夏に好んで食べられていた。その乳でチーズとバター

をつくることもある。

　J・エリクソンの写真からは、燃料とする牛糞を拾っている牧民の女性、草刈をしている男性、羊の毛でフェルトをつくる男女の姿も見られる。

　また、牧民の住居であるゲルが数多く写されている。貴族のゲルと一般の牧民、さらには貧しい牧民のゲルも被写体となっている。「ゲルには煙突がなかったため、牛糞を燃やした煙の臭いは堪え難いほどだった。一般の牧民のゲルは雨が降ったら、雨水が漏れた」とS・ウッラ氏は述べている。

　食事を作っている女性、固形のお茶を臼にいれて潰している男性、羊を屠殺している男性と血詰めをつくっている女性の写真がある。野菜をあまり食べないモンゴル人は、お茶と家畜の血から大切なビタミンを摂取していた。

　20世紀初頭のモンゴルの商隊とモンゴル牧民の日常輸送のために利用する牛車の写真がある。馬車と自動車も写されているが、前者は漢民族所有のもので、後者は宣教師たちが所有していたのであろう。

モンゴル人と
馬

オルガを持つ牧民

馬を捕まえようとしている馬上の牧民

038 | 039

馬とラクダで移動

旅の途中で一休み

馬の乳を搾る男性（上）と女性（下）

草原の馬群

井戸から水を引き馬に飲ませる

モンゴル人と牛

牛の親子と牧民の女性

牛乳を搾る女性

出産したばかりの親牛と子牛

ボルホ（母乳を飲ませない機具）を
つけられた2歳牛

牛の群れ

子牛たち

交通・運輸手段のラクダ

夏の草原で

冬の草原で

ラクダに乗った少女

ラクダに乗る宣教師

ラクダの親子の群れ

乳を飲む子ラクダ

羊の放牧（冬季）

羊の放牧から帰る（春季）

羊の乳を搾る女性たち

山羊の乳を搾る女性たち

子羊を抱く男性と女性

羊の乳を搾る。子羊も一緒に乳を飲む

井戸の水を引き、羊と山羊に水を飲ませる貧しい少年たち

遊牧民の日常

上・左とも草原で牛糞を拾う

木製の桶で井戸から水を運ぶ

自家製のバケツで井戸から水を運ぶ（片手に井戸から汲む木製のバケツを持っている）

上・左とも秋季の草刈

ラクダの毛で糸を紡ぐ
女性

裁縫中の女性

桶の氷を砕いている牧民

刈り草を運ぶ牧民

上・下とも羊の毛でフェルトを一緒に作る

フェルトをまるめる

フェルトをつくる

移動式住居・ゲル

上・下ともゲルの集落(上は夏営地、下は冬営地)

上・下ともゲルの組み立て中

上・下ともゲルの前で

上・下とも貴族が住むゲルの中

ゲルの中でモンゴル人と語らう宣教師

冬営地のゲル

飲 食

上・下とも固形茶の磚茶を砕く牧民

ユーメン料理（雑穀の一種）を作る女性

食事中のバンザラクチャ氏（左端）とスドナ氏（右端）

野外で食事を作る

屠畜（羊を解体）

羊肉の料理

隊商の風景

輸送手段

モンゴル語で「ハサク車」と呼ばれる牛車

モンゴルの牛車

上・下とも馬車での輸送

自動車で輸送

第3部

男女の服装と
女性の頭飾り

「モンゴルの女性の頭飾りはその一家の全部の財産であり、どのように貧しくても女性の頭飾りだけは大切にしていた。頭飾りのため、すべての財産を費やすこともある」とE・マルテンソン氏が不思議な顔をしながら語っていた。

　モンゴルでは地域により、頭飾りの形が異なっているが、素材はほぼ金、銀、珊瑚、真珠、瑪瑙、トルコ石、琥珀などがある。J・エリクソンが撮影した頭飾りの写真は、主にチャハル地域、シリンゴル地域、ウランチャブ地域のものである。ハルハ地域の写真は1枚のみである。

　頭飾り以外、各地域の女性たちのさまざまな服装や装身具、男性の日常の服装や身につけるもの、さらには盛装着まで珍しい写真が残されている。そのほか家族や親と子、そして子どもの服装の写真も多く残されている。

　これらがモンゴル民俗研究の貴重な史料となることは言うを俟たないであろう。

正面から　　　　　　　　　　横から

第3部｜男女の服装と女性の頭飾り

ハルハモンゴル人女性の頭飾り

盛装した女性の横に蓄音機がありレコードが回っている

盛装したシリンゴル地域の貴婦人たち

盛装した
モンゴル人
家族

第 3 部 ｜ 男女の服装と女性の頭飾り

三人の帽子は同じだがデール（服）が異なる

三人の僧侶（中央の僧侶の着衣が異なる）

盛装した男性たち

帯に嗅ぎタバコ、ナイフなどを掛けている

子どもたちの服装

第4部

徳王と
草原の人びと

J・エリクソンは、内モンゴルの自治・独立運動の指導者だった徳王（デムチュクドンロブ、1902-1966）とその家族の写真を40枚ほどカメラに収めていた。彼は徳王のホームドクターでもあったことから、徳王からの信頼も厚かった。徳王がオボー祭に参加している様子と弓を引いている姿は珍しく、初めて公開される写真ばかりである。徳王のオボー祭に参加する写真と弓を引く写真を、スイスの有名な記者W・ボスハルトの撮った写真と比較してみると、写真をとった場所の背景及び徳王の服装と表情などが一致する。W・ボスハルト氏の写真には、1934年に徳王の故郷のオボー祭で撮影と記されている。また、徳王の次男ガラサンジグメデ氏（1930〜1997）が三輪車に乗って遊んでいる写真からも、これらの珍しい写真が1934年の夏頃に撮影されたと推定できる。「烏瀧守備隊」は、烏徳（モンゴル名egüde、現在の中国とモンゴル国の国境にある札門烏徳（モンゴル語jam-un egüde）と瀧江（モンゴル名qamuqu、西ソニト旗ブトムジソム・バインゴビ）との間の道路の安全を守るために1926年に徳王が組織した地方軍である。

　デロワ・ホトクト（1884〜1965）は、1931年に内モンゴルに亡命してきた外モンゴル（当時のモンゴル人民共和国）の活仏である。日本の『時事新聞』の1935年2月3日と2月5日の記事によると、「ロッシの強圧下により、内モンゴルに逃れ来った外モンゴルの避難民」は約19,800人を超えていた。この避難民を「保護」し、生活できるように尽力したのがデロワ・ホトクトであった。彼は、1947年にアメリカに亡命し、18年後に亡くなった。F・A・ラルソンら数人と一緒にテントの前でお茶飲んでいる写真は、ハダンスム宣教所の近所で撮ったという記録が残されているが、撮影時期は不明である。

　最初に近代モンゴル語での『新約聖書』翻訳に携わった一人である、モンゴル人キリスト教徒だったリンチンドルジ（1912〜1952）は、少年時代に眼病のため失明寸前であった。宣教師から治療を受け、眼病が治った経歴がある。そのことにより、彼はキリスト教を信仰し、教会の学校で英語とモンゴル語などを学んだ。1936年、日本軍が内モンゴルに入り、徳王政権が成立し、張北で青年学校を設立した。その

時、リンチンドルジが教員として勤務し、彼の言動が生徒たちに多大な影響を与えていたことを、彼の教え子だったサイチンガ（1937年に日本へ留学し、後に著名な詩人、教育者となった）の作品から垣間見ることができる。

　1930年代からJ・エリクソンと一緒に『新約聖書』を近代モンゴル語に翻訳する事業に取り込んでいたリンチンドルジは、1952年に香港でモンゴル語『新約聖書』が出版された翌日に天に召された。

　同じくモンゴル人キリスト教信徒であるエンヘビリグ（1889-1933）は、1923年、ウルガ宣教所でモンゴル語の教員として勤めるが、翌1924年に他の宣教師と共に追放され、内モンゴルに戻った。1933年10月、グルチャガン宣教所が盗賊の攻撃を受け、エンヘビリグとゲンデンらモンゴル人信徒が拉致された。後にゲンデンは無事に逃れて宣教師に戻ったが、エンヘビリグは殺害された。モンゴル語と中国で「イエスキリストの信徒エンヘビリグ 1899-1933　私は復活であり、命である」（『ヨハネによる福音書』 11章25節）と書かれた墓標が今もグルチャガン宣教所の共同墓地に残されている。

　徳王は、北京政府の移民政策を中止させなければならないと訴えたが、中国人の入植を止めることはできなかった。W・ボスハルトはこの入植の様子を以下のように記録していた。「毎年の春季になると、河北省、河南省、山東省の農民と手工業者たちが、牛車に農業道具、荷物、穀物の種、多くの子供と女性及び鶏と豚を載せて、止まらない嵐のようにモンゴルの豊かな草原にやってくる。特に水害と干ばつですべてを失った者、馬賊に全財産を奪われた人々は、憧れていた新天地—モンゴルにやって来る。日に日に増える入植者が、草原を占領し、豊かな牧草地を農地にしていく。40年前、万里の長城の北側には中国人がいなかったが、現在は、長城より北へ140キロメートル離れた草原でも中国人の集落ができ、しかも、毎年、北へ1〜2キロメートルの速度でチベットと満州の間にあるモンゴルへ押し進めている」。

　中華民国政府はハローンオス宣教所があった地域を「化徳県」と命名したのは、「徳王を同化する」という意味合いがあった。日本の協力

を受けた徳王政権は、それを逆手に取って「化徳県」を「徳化県」と改名した。徳王政権の樹立により、中国人の入植してくることを食い止めた。徳王はモンゴルに入植してきた中国人を「北京～包頭」鉄道線の南側に移す計画を立てていたが、実現できなかった。終戦後、中国人が以前にも増してモンゴルに浸入し、いまは既に内モンゴル全域で人口的に絶対多数となっている。

　ダワ公は、ウランチャブ盟四子王旗の貴族で、チンギス・ハーンの直系子孫である。1934年夏、ダワ公が、中国人の武装した馬賊に狙われ、徳王に緊急支援を要請した。この写真は、J・エリクソンが徳王の返信を持って訪ねた時撮ったもの。W・ボスハルトの記録によれば、ダワ公は1946年頃、共産軍に殺害されたとあるが詳細は不明。

　最初にキリスト教信徒になったゲンデンとナンジェーの写真がある。また、教会の関係者たちの写真も数多くあるが、まだ人物、撮影時期など確認できていない写真も多い。

徳王とその家族

徳王と警備兵（ゲルの前で）

徳王と夫人リンチンツォ（？～ 1968）と次男ガラサンジグメデ氏

上・下とも徳王夫妻と家族が相撲観戦（1932年頃）

徳王と宣教師たち

徳王の次男と
宣教師の子ども

矢をつがえ、狙いを定める徳王

矢を放った瞬間の徳王

徳王夫人と次男

三輪車に乗る次男

徳王夫人と宣教師の
家族

徳王の長男
ドガルスレン氏
（1917 ～ 1952）
西ソニト旗最後の王、チ
ンギス・ハーンの第 32
代目の子孫。1939 年に
日本に短期留学。1945
年 8 月終戦後、モンゴル
人民共和国（現モンゴル
国）に赴いた。モンゴル
スフバートル高等幹部学
校、モンゴル国立大学で
学んだ。1950 年 10 月同
国内務部によって逮捕、
1952 年 1 月「日本のスパ
イ」という冤罪で処刑さ
れた。

徳王と貴族たち（前列左から五番目が徳王）

王府の役人たち

徳王とオボー祭

（オボーとは石や樹木を円錐型に積み重ね、精霊が降りてくる目印）

オボーに向かう徳王

オボーの前での徳王（右から四人目）

前列着座している人物の右から六番目が徳王。同じく五番目が徳王の次男か?

オボーの前に立つ徳王

オボーにぬかずく徳王

オボー祭から帰宅する徳王（馬上の人）

徳王の愛馬

徳王の「烏滂守備隊」第一隊

いずれも西ソニト旗で。1934年

徳王は、「モンゴルの独立運動が既に内モ
ンゴル全域で勃発し、発展した。我々に
は、武器が不足し、新しい武器と新しい戦
争の認識がまだ欠けている」と痛感していた。
（軍旗に「烏珰守備隊」とモンゴル文字と
漢字で書かれている）

徳王府の警備兵（1934年）

徳王府の武器庫前（1934年）

王府

王府の夏營地

130 | 131

王府の寺院

王府の貴婦人たち

デロワ・ホトクトとラルソン宣教師

デロワ・ホトクト（左）とラルソン宣教師（右から二番目）

ホニチン・ノヨン・ラムスレン氏
(1880〜1948)

バヤンボー・ラムスレンは、ホニチン・スルグ（羊群郡）の長官だった。人望
が厚く、遊牧民に「ホニチン・ノヨン」と親しく呼ばれていた。ドヨン宣教所は、
彼の管轄する郡にあったため、宣教師たちと深い交流があった。1948年、中
国共産党政権により、処刑された。

ホニチン・ノヨン・ラムスレン氏のウランホダック冬営地

モンゴル人キリスト教徒
リンチンドルジ氏

リンチンドルジ氏（後列左から三番目）と宣教師とその家族

野外で宣教するリンチンドルジ氏

キリスト教徒
エンヘビリグ氏

エンヘビリグ氏とエリクソン宣教師

1934年頃

エンヘビリグ氏
1934 年頃

最初のキリスト教徒二人

ゲンデン氏（左）とナンジェー氏（右）

ゲンデン氏（左2番目）、ナンジェー氏（左3番目）と宣教師たち

ダシジャブ氏（左端）

モンゴル人信徒たち。前列左端バンザラクチャ氏、前列左2番目ダシジャブ氏

教会の羊を放牧していたハイロブ老人（？〜 1974）　シャル氏（？〜 1968）

ドヨン宣教師の近所に住んでいたチベット人シャーマン

モンゴル貴族・四子王旗ダワ公と夫人

ゲルの中でくつろぐダワ公（1934年）

ダワ公夫人（1934年）

右端　ダワ公夫人（1934年）

ダワ公夫人の頭飾り

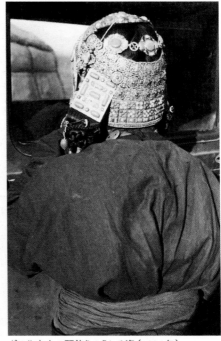

ダワ公夫人の頭飾りのうしろ姿（1934年）

ある貴族の結婚式に集まったモンゴル人男女

第5部

仏教信仰の
実相

モンゴル人は伝統的にフフテンゲル（蒼天）を信仰していた。チンギス・ハーンがモンゴル帝国を建国してから、すべての宗教に対して「保護と平等」の政策がとられ、対立から対話へ転換させた。チンギス・ハーンの息子オゴデイ・ハーンが建設した帝国の都カラコルムには、仏教の寺院とキリスト教の教会及びイスラム教のモスクが併存していた。チンギス・ハーンの孫モンケ・ハーンの時代、カラコルムで仏教徒とキリスト教徒及びイスラム教徒による宗教弁論大会が開かれたこともあった。しかし、元朝の創始者であるフビライ・ハーンの時代から、チベット仏教に偏るようになった。16世紀、アラタン・ハンがチベットの高僧にダライ・ラマ称号を与え、チベット仏教を積極的に受け入れた。清朝になると、清朝政府の政策によりチベット仏教が全モンゴル地域（バイカル湖から万里の長城まで、興安嶺からアルタイ山脈までの地域）に浸透していった。チベット仏教を利用してモンゴル勢力を弱体化させようとした政策は、結果的にモンゴル民族のチベット仏教への傾斜を強めるにしたがってモンゴル民族の勢力は衰退していった。

　J・エリクソンは、仏教に対する客観的な理解は持っていたが、モンゴルのラマ僧の行為には批判的であったとA・B・ニルソン氏は述べている。A・B・ニルソン氏本人はラマ僧の女性に対する軽視・差別には最も不満を持っていた。

　J・エリクソンは、僧侶、寺院、法要、礼拝などで数十枚の写真を撮影している。これらの写真は、20世紀のモンゴル仏教の実態の理解と研究に貴重な資料となることは間違いない。チベットのラサと青海のクンブム寺、或いは山西の五台山などの聖地へ、五体投地の礼拝をしながら、雪の草原を進む巡礼者の姿が写されている。ラサまで13年、クンブム寺まで7年、五台山まで3年の年月が必要と言われていた。特にラサへの道は険しく、気候の変化を把握することができず、病死・餓死・凍死する者が多くいて、体力の限界により途中で断念せざるを得ないことも少なくなかったという。そのため、五体投地しながらラサに着いた巡礼者は10％に満たなかったと言われている。寺院の写真から、本書に収録した写真が内モンゴルの五當召、モンゴル国の

ガンダン寺と確定することができる。オボーは、モンゴル人の蒼天と大自然への崇拝が、チベット仏教と「習合」することにより、オボーの形と祭祀（祭祀日や供養品）などが整った。

　放生とは、捕獲した魚や鳥などを放す仏教の行事で、中国と日本でも行われていた。モンゴルでは、捕った魚を湖に放すのが主流だ。モンゴル人は、一匹の魚を水に戻せば、千匹の魚の命を救ったことになり、善行を積むと信じていた。その信仰を利用して、入植してきた漢人は、恰好の商売を手に入れたと喜んでいた。モンゴル人は、中国人が湖から捕った魚を買って湖に放す。中国人はその魚を再び捕獲し、次のモンゴル人に売る。買う人が増えれば、値段も高くなる。行事と商売が平行で繰り返されていた。

　グルチャガン旗のウランノール湖は、徳王の母親の故郷で、徳王の生まれた地でもある。20世紀30年代、ウランノール湖に魚がいたため、毎年、「放生」の行事を行っていた。現在、その草原は砂漠化が進み、湖は完全に消えて、昔ここに湖があったことを知る人もいなくなったが、ウランノール湖という名前が地名として残った。

　J・エリクソンは、仏教に対する蔑視はなかったが、モンゴル人の仏教信仰のあり方と仏教徒の言行に対してかなり批判的で、時には、「偉大なモンゴル人はどうしてこんなに愚昧になったか」と涙を流したことがあると、S・ウッラが筆者に語った。

　20世紀初、義和団事件で、内モンゴル地域で活動していた欧米諸国の宣教師たちは多大な被害にあった。事件後、清朝からの賠償金で、ほとんどの宣教所は土地を購入し、中国人を招致して農業を営んだ。その意味で、宣教師は草原破壊に拍車をかけたと非難されている。

　その中、J・エリクソンらのSMMだけは、モンゴル人と共に草原を移動しながら、医療・教育・福祉・救済活動をおこなっていた。特に、J・エリクソンは、医師として、教会の診療所に来たすべての患者を治療していた。その患者の中に大勢の中国人もいたし、馬賊までいた。

僧侶たち

木版で経文を印刷する
僧侶たち

僧門に入った子どもたち

シャルムレン寺の法要（1935年）

第5部｜仏教信仰の実相

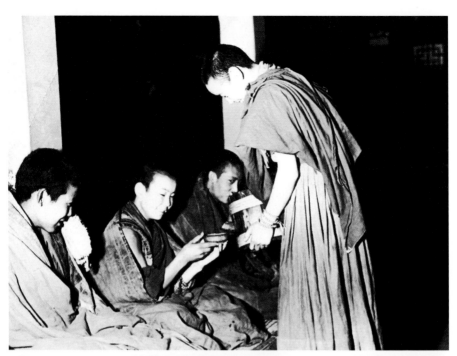

参拝する
モンゴル人

参拝するモンゴル人女性

仏典を背負って寺院を回る女性仏教徒

上・下とも僧侶から祝福を受ける信者

五体投地巡礼

五体投地で聖地巡礼に行く信徒たち

チベット仏教の学府として僧侶を養成した
「五當召」(現包頭市)

宣教師と僧侶

1727年に清朝の雍正帝によって創建された

ガンダン寺とその周辺（現モンゴル国ウランバートル市）

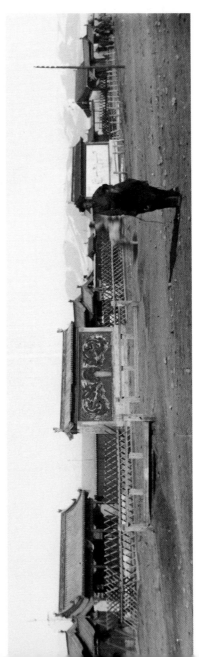

モンゴル最後の皇帝ボクド・ハーンが住んだ宮殿
（現モンゴル国ウランバートル市）

オボー

さまざまな形のオボー（定期祭祝が行われる）

さまざまな形のオボー（定期祭祝が行われる）

自然石でできたオボー（定期祭祝が行われない）

道端に作られたオボー（定期祭祝が行われない）

上・下ともドヨン宣教所の西南に位置するドヨン山の山頂にあるオボー

本来は釈迦の
遺骨を安置した供養塔

チベット様式の仏塔

放 生

仏教の儀式として捕らえた生き物を供養のため逃がす

徳王の親族にあたる人物がグルチャガン旗ウランノール湖で魚を放す（1935年？）

第 6 部

宣教師たちの
足跡

J・エリクソンの撮った写真から、SMMのモンゴルにおける活動が窺える。

　ウルガ以外の宣教所の建物の写真は20数枚残されている。

　礼拝で説教するA・マルテンソンの優しい表情、教会に集まった人びとの真剣な顔、そして洗礼を受けて白い服装を着用した人びとの笑顔、聖書・讃美歌の本を手にした女性の微笑み等々が、当時の宣教所の雰囲気を教えてくれている。

　1936年8月、F・ペルソンとマルギスは、ドヨン宣教所の近くにあった林の中で結婚式を挙げた。SMMの若い宣教師同士たちは、モンゴルで結婚することは珍しくなかった。しかし、J・エリクソンが撮影した1400枚の写真の中で結婚式の写真はわずか1枚だけだった。葬式を撮影したものは数枚あり、その中の2枚は、1930年2月に伝染病で亡くなった宣教師T・オレンとS・スウェンの葬式の写真である。

　1818年、ロンドン宣教教会（London Missionary Society）の派遣で、ロシアのバイカル湖地域のブリヤート・モンゴルとカスピ海の北西に位置するカルムイク・モンゴルで宣教活動したスコットランド人W・スワン（William Swan）は、自分の宣教経験をまとめ、1830年ロンドンで『伝道についての手紙』（Letters on Missions）を出版した。彼は宣教の方策として、(1)現地の人々と接触すること、(2)聖書を翻訳し、現地の言葉で宣教すること、(3)学校を設立することなどの3点を挙げている（瀧澤克彦著：「越境できなかった宗教―社会主義以前のモンゴルにおけるキリスト教伝道―」『印度学宗教学論集』第34号、2007年、p 370）。

　SMMの宣教師たちは、W・スワンの方策を現地の事情に合わせながら実施していたことがJ・エリクソンの撮った写真からもよくわかる。SMMの宣教師たちは、診療所を開き、治療することにより、現地の人びとと可能な限り接触する機会を持とうとしていた。当時、「モンゴル地域では、眼病、皮膚病などの病気と凍傷・銃傷など以外に、梅毒に感染した者が98％に達していた。戒律を守らないラマ僧が病原菌をばらまいていた」とS・ウッラ氏は述べていた。

　また、孤児や病弱な子供を集め、孤児院や学校を設立し、日常生

活から教育内容までキリスト教の知識を取り入れ、キリスト教への信仰心を育んだ。学校を設立することで「モンゴルの若者に啓蒙教育を行うことは、ラマ僧の勢力を打破する一つの絶妙な方法だ」(『1901-1920年　中国キリスト教　調査資料』〔修訂〕、中国社会科学出版社、1987年。p 670.)と宣教師たちは認識していた。

　宣教師たちはモンゴル語を勉強し、モンゴル人信徒と協力し合い、『聖書』とキリスト教に関するさまざまな書物を翻訳し、それを活字に組んで、印刷して配布していた。

　広い草原の中で、宣教師から贈られた『福音書』を真剣に読んでいる乞食僧の写真がある。皮肉なことに、宣教所の書物を誰より早く、真っ先に受け取るのはラマ僧であった。その理由について、1898に年ウルガを訪れたフィンランドの言語学者であり、フィンランドの駐日初代公使であるG・J・ラムステット (Gustan John Ramstedt) は『七回の東方旅行』の中で、「イギリスの聖書協会から取り寄せる聖典、特に福音書を・・・モンゴル人たちはモンゴル語の文字がよめなくても先を争ってこれらの書物を貰いに来た。・・・書物はユルトの中で、燃料の糞に点火するために、もっぱら利用されていたようだ。西の僧院のあたりの丘や野原には、数百頭の野犬がいて、死者はその野犬に片付けさせるため、ここに運ばれた。僧侶や敬虔な信徒たちの中には、宣教師から贈られた聖書を、ここに持ってくる者もいた」(G・J・ラムステット著、荒牧和子訳、『七回の東方旅行』、中央公論社、1992年、p 46.)と記している。当時のモンゴル人は、7才頃から寺に入って出家し、チベット語の仏典を学習していた。(清朝時代、モンゴル地域では約6千の仏教寺院があったが、モンゴル語を学習し、モンゴル語で経典を読む寺院は4つしかなかったと言われている。内モンゴルの仏教寺院でモンゴル語を学習するようになったのは、1937年に徳王政権が宗教改革を実施してからのことである。

　13世紀、チンギス・ハーンがモンゴル高原の諸部族を統一する際、ケレイト、ナイマン、オングートなどの有力な部族はネストリウス派キリスト教を信仰していた。1927年、スウェーデンの探検家スヴェン・アン

ダシュ（アンデシュ）・ヘディンの第5回調査により、オングート部の宮廷があったオロン・スム古城の遺跡が発見された。その後、1935年から、日本の考古学者江上波夫教授の数回の調査によりその成果が発表され、世に知られるようになった

　スドナ（1911-1946）は、チャハル・アドーチン旗人。父親のバンザラクチャと共にキリスト教徒である。彼は、10歳の頃からハローンオス宣教所の学校で学習していた。後に、教会の診療所に勤めながら西洋医学を習得した。1930年初、ハダンスム宣教所の教会学校の教員になった。1936年、徳王政権が張北で青年学校を設立する際、スドナは教員に招聘され、モンゴル語を教えながら校医としても勤めていた。その時、学生を連れて張北市内にあるキリスト教会を訪ねていた。1945年終戦後、内モンゴルに入ってきたソ連とモンゴルの連合軍の指令官より、シャンド旗の長官に任命されたが、翌年病気で逝去した。

　J・エリクソンは、診療所で使う医薬品を北京、上海、そして日本から購入していた。1920年の東京薬品会社に予約したリストには、サルバルサン（Salvarsan）、アスピリン（Asupirin）などの薬と注射や手術の備品などがあった。サルバルサンは、日本人細菌研究者秦佐八郎とドイツ人細菌学者パウル・エールリヒが共同で研究して開発した感染症の特効薬である。モンゴルでは、梅毒の治療に使っていた。

　J・エリクソンの撮ったオロン・スム古城の遺跡の写真は、スヴェン・アンダシュ（アンデシュ）・ヘディンの探検と関連性があると思われる。

　J・エリクソンは、スウェーデンの博物館のため、文物と民俗学の実物を収集し、植物標本を採集したことがある。しかし、これらに関する写真は数枚しかなかった。

上・下とも冬季のハローンオス宣教所

上・下ともハダーンスム宣教所での礼拝

宣教師マルテンソン氏

信徒ガリンダリ氏

F・ペルソンとマルギスの結婚式

（1936.8　ドヨン宣教所）

グルチャガン宣教所北側の山頂にある
宣教師の共同墓地

『聖書』の翻訳と印刷

1935年頃、ドヨン宣教所で『聖書』翻訳中の
J・エリクソン氏（左）、ダシジャブ氏（中）、G・オレン氏（右）

ダシジャブ氏（左）とJ・エリクソン氏（右）

エリクソン氏の息子、P・エリクソン氏

聖書の翻訳をする左からワンチンドルジ、グンゼル、A・マルテンソン、リンチンドルジ各氏
（1950年代初頭、香港）

作業中のエンヘビリグ氏

ハダーンスム宣教所の小学校

スドナ氏（右端）

教会の子どもたち

宣教師たちの布教活動

上・下とも聖書を
配布する宣教師

上・下とも聖書を配布する宣教師

「『聖書』普及所」と建物の看板にモンゴル語で記されている

『聖書』を読む乞食僧

乞食僧と宣教師

上・下とも宣教活動の風景

宣教師たち

上・下とも
J・エリクソン氏

上・下とも J・エリクソン氏親子

A・マルテンソン氏

A・マルテンソン氏と夫人（中）

A・マルテンソン氏親子（息子E・マンテルソン）

Ａ・マルテンソン氏の宣教活動

Ａ・マルテンソン氏（左３番目）とＪ・エリクソン氏（中央）

宣教師とその家族たち

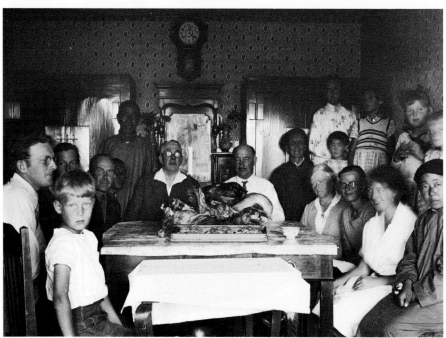

中央が聖書のモンゴル語訳に従事したＧ・オレン氏

A・マルテンソン氏（右から2番目）、リンチンドルジ氏（左から2番目）、ロブサンダシ（左から1番目）

P・エリクソン氏（左から2番目）、E・ボーリン夫妻（右から1・2番目）

J・エリクソン氏（左）

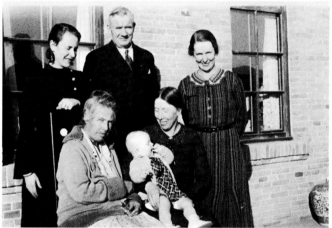

上・下ともF・A・ラルソン氏（後列中央）

F・A・ラルソン氏のチャガンフレー居住地（元寺院）

1927年に西北科学考査団を組織したスウェーデンの探検家ヘディンの探検隊
(1928年、ハダンスム宣教所? 左端がヘディン氏?)

宣教所に集う人びと

上・下ともハローンオス宣教所と人びと

上・下ともハローンオス宣教所と人びと

上・下ともグルチャガン宣教所と人びと

上・下ともハダーンスム宣教所と人びと（1927年頃）

礼拝に参加した人びと

中央後列に西欧人女性も見える

前列左から4番目、後列右から4番目に西欧人女性が見える

上・下とも手に『聖書』と『讃美歌』を持つ人も見える

野外宣教で、ギターの伴奏で
讃美歌を歌っている様子

中国人の信徒

上・下とも診療所内

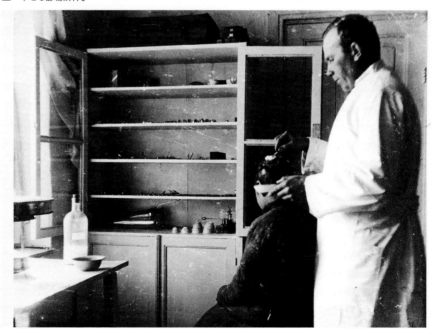

診療所に運ばれる病人

診療所に運ばれるモンゴル人病人（上・下）

診療所に運ばれる中国人病人（上・下）

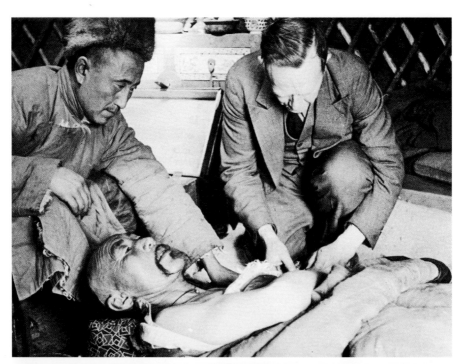

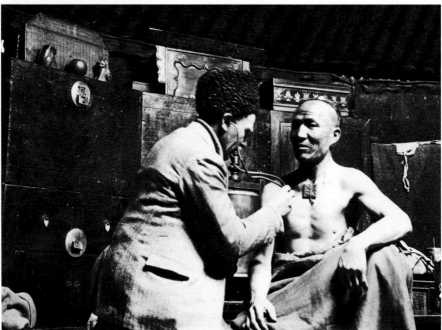

上・下とも往診の様子

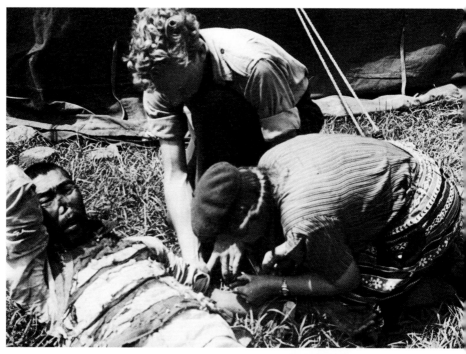

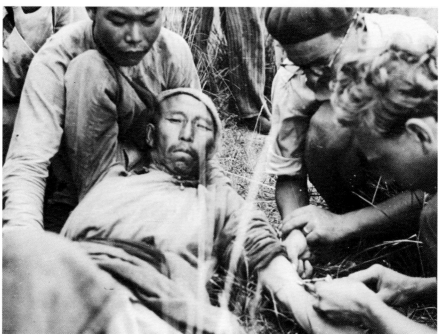

上・下とも屋外で治療

上・下とも屋外で治療を受ける中国人

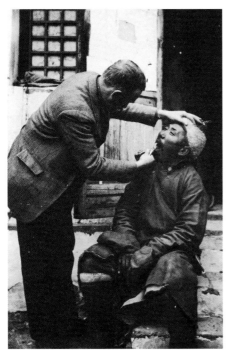
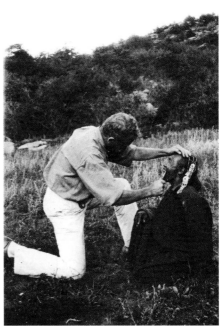

いずれも抜歯か

病人たち

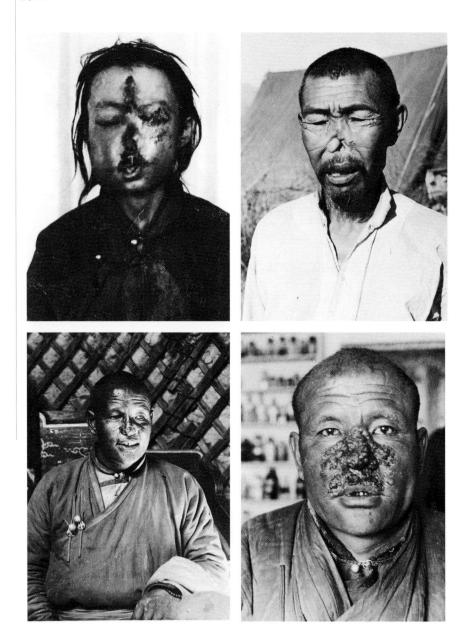

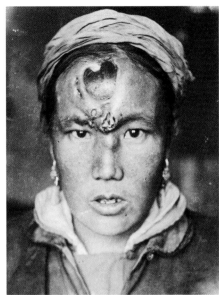
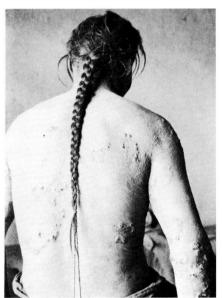
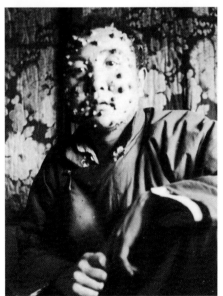

上は中国人の病人。下はモンゴル人の病人

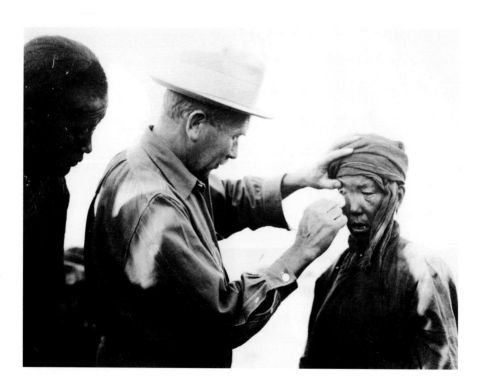

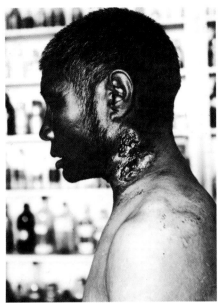

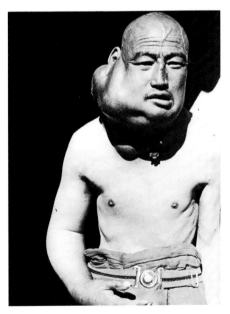

上左はモンゴル人、上右・下は中国人の病人

オロン・スム遺跡

ゴビ砂漠南端にあったオングト族王家の居
住遺跡で、この王家はネストリウス派キリス
ト教を信仰していた。オングト族はチンギ
ス・ハーンの建国に協力した。

上・下ともオロン・スム周辺の遺跡

オロン・スム周辺の遺跡

上・下ともオロン・スム周辺の石人

上・下ともオロン・スム周辺の石人

３点ともオロン・スム周辺の遺跡

参考文献

1. 西欧語

Svenska Mongolmissionen（1918 ～ 1951）Ljusglimtar från Mongoliet .Stockholm

Svenska Mongol- och Japanmissionen（1952 ～ 1981）Ljusglimtar .Stockholm

BLAND STAPPENS FOLK:Ar ur Svenska Mongolmissionens historia. ソブダ訳『瑞典蒙古宣教史―在草原人民中的歳月』（中国語訳原稿）、2004年

Ollén, Gerda & Joel Eriksson. (1943). Vid Gobiöknens gränser. Stockholm: Svenska Mongolmissionen.

Marthinson, Anders W. (1972). Bibeln mitt öde: minnen från min verksamhet som bibelspridare i Mongoliet och Kina. Stockholm: EFS-förl.

Marthinson, Anders W. (1975). Möte med Mongoliet och Maos Kina: spännande upplevelser bland rövare och andra. Vällingby: Harrier.

Marthinson, Anders W. (1985). Mongolerna och deras land. Herrljunga: Harrier.

Karin Johansson. (2003). Inblick i Inre Mongoliet: Breven från Sven Skallsjö berättar. s.l.: K. Johansson.

Marthinson, Evert. (2006). Mitt liv som mongol, kines och svensk. Värnamo: Semnos.

Johansson, Karin. (2008). De vågade sig ut : en studie av Svenska mongolmissionens missionärer och verksamhet 1910-1938. Lund: Teologiska institutionen, Lunds universitet.

Johansson, Karin. (2009). Vid karbidlampans sken: Signes dagbok berattar fran 1917-1919. Varfarda: Karin Johansson Books on Demand.

Walter Bosshard(1950)Kunles Grasland mongolei Berlin

Larson, F. A. (1930). Larson, Duke of Mongolia. Boston: Little, Brown, and Company

Owen Lattimore; Fujiko Isono（1982）.The Diluv Khutagt : memoirs and autobiography of a Mongol Buddhist reincarnation in religion and revolution, Asiatische Forschungen, Bd. 74

2.　日本語

F・A・ラルソン著 高山洋吉訳（1939）『蒙古風俗誌』改造社

ユック著（1939）『韃靼・西蔵・支那旅行記』上・下（後藤富男・川上芳信訳）生活社、

J・ギルモア著（1939）『蒙古人の友となりて』（後藤富男訳）生活社
（Gilmour, James. (1883). Among the Mongols. London: The Religious Tract Society）

ハズルンド著内藤岩雄訳（1942）『蒙古の旅』岩波新書

ヘディン著　梅棹忠夫訳（1977）『ゴビ砂漠探検記』河出書房新社。

ヘディン著　羽鳥重雄訳（1979）『ゴビ砂漠横断』白水社。

ヘディン著　福田宏年訳（1979）『ゴビ砂漠の謎』白水社

ジョン・スチュアート著（1979）『景教東漸史―東洋の基督教』（ユーラシア叢書29）（熱田俊貞、賀川豊彦訳、佐伯好郎校訂、森安達也解題）原書房

グクタフ・ラムステット著　荒牧和子訳（1992）『七回の東方旅行』中央公論社

カルピニ, ルブルク著（2016）『中央アジア・蒙古旅行記』（護雅夫訳）講談社学術文庫）

平山政十編（1939）『蒙疆カトリック大観』、張家口：蒙古聯合自治政府

東亜考古学会蒙古調査班（1941）『蒙古高原横断記』朝日新聞社

飯沼二郎編（1965）『熱河宣教の記録』未来社

熱河会編（1967）『荒野をゆく―熱河・蒙古宣教史』未来社

日本宣教30周年記念誌『道』（1981）在日スエーデン福音宣教団　日本聖書福音教団

江上波夫著（2000）『モンゴル帝国とキリスト教』サンパウロ

江上波夫著（2005）『オロン・スム遺跡調査日記』山川出版社

大谷渡著（2018）『北欧から来た宣教師―戦後日本と自由キリスト教会』東方出版

森久男（2000）『徳王の研究』創土社

長尾雅人（1947）『蒙古喇嘛廟記』高桐書店

長尾雅人（1947）『蒙古學問寺』全國書房

橋本光寶（1999）『モンゴル・冬の旅』ノンブル社

3.　中国語とモンゴル語

利瑪竇著(1965)『天主教東傳文獻』臺灣學生書局

艾儒略等撰(1972)『天主教東傳文獻三編』臺灣學生書局

札奇斯欽著(1985、1993)『我所知道的德王和当時的内蒙古』(1.2)東京
　　外国語大学アジアアフリカ言語文化研究所

徐光啓等撰(1986)『天主教東傳文獻續編』臺灣学生書局

中華統行委　会張阿委員会編(1987)『中国基督教調査資料』(上巻・下
　　巻)、中国社会科学出版社

色・斯钦畢力格著　忒莫勒訳(2002.3)「清末民国察哈尔瑞典蒙古传教
　　团」『内蒙古社会科学』誌

刘青瑜(2011)『塞外苦耕：近代以来天主教传教士在内蒙古的社会活动
　　及其影响(1865-1950)』内蒙古大学出版社

姚偉鈞　胡俊修主編(2014)『基督教与20世紀中国社会』広西師範大学
　　出版社

娜仁高娃　阿不都熱西提・亜庫甫編著(2016)

『瑞典德国蔵清末民初新疆的映像文献』新疆人民出版社

馬達漢(マンネルヘイム)

(2009)『奉陛下谕旨穿越中国突厥斯坦和中国北部诸省到达北京之旅的
　　初步调查报告』新疆人民出版社

(2004)『马达汉西域考察日记(穿越亚洲——从里海到北京的旅行) 1906
　　～ 1908』中国民族撮影芸術出版社

mongɣul sudulul-un nebterkei toli nayiraɣulqu jöblel(2010) mongɣul sudulul-
　　un nebterkei toli. öbür mongɣul-un arad-un keblel-ün qoriy-a

Ša.bürinčoɣtu(2018)kiristos-un šasin mongɣul-du nebteren iregsen
　　ni,(dotuɣadu matwriyal)

W.Basqard ǰokiyaǰu, Qoničud.N.gereltü orčiɣulba(2014) Serigüken tal-a
　　nutuɣ. öbür mongɣul-un arad-un keblel-ün qoriy-a

　20世紀初頭、モンゴル人たちはそれまでの遊牧生活を自分たちの生活のリズムに合わせて送ることができなくなりつつある時代になってきていた。しかも自分たちモンゴル人の将来をみずからの手で動かし、決めることができない時代にもなってきていた。

　一方、欧米諸国のキリスト教宣教師たちは、19世紀半ばから1940年代末までモンゴル地域に入り、キリスト教を宣教しながら医療・教育・福祉・ビジネス・情報収集・救済活動等のさまざまな活動をしていた。その活動は内モンゴルに限られたことではなく、G・J・ラムステットの『七回の東方旅行』によると、20世紀初頭、ウルガ（現モンゴル国ウランバートル市）でノルウェーの宣教師が宣教活動を行っていたことが記されている。

　SMMが内モンゴルのモンゴル人居住地域で活動した歴史は、半世紀という短い期間ではあったが、その活動はモンゴル、スウェーデン、アメリカ、中国、ロシア、イギリス、そして日本など諸国との関係も生まれていくことになった。SMMに関する資料は、上記の諸国、主にスウェーデン王国の文書館と大学図書館で保管されている。

　筆者は、ウプサラ大学図書館に保管されている宣教師J・エリクソンが撮影した写真資料を分析、解読しながら、当時の内モンゴル中西部地域のモンゴル人の実態とSMMの活動を明らかにしようとしてきた。その一部成果が本書である。しかし、ほとんど手つかずの未開拓分野であり、まだまだ不明な点が残されている。

今後も引き続き、研究を重ねるつもりではあるが、極めて貴重な記録写真ばかりであり、いくつかの学会での口頭発表後、一日も早い刊行要請の声がいくつも聞こえてきていた。それだけに、今回、桜美林大学の出版助成によって上梓が可能となったことは無上の喜びである。

　本研究では、多くの方々にお世話になった。先ず、J・エリクソンの1384枚の写真をスキャンして提供し、出版の許可を快諾してくださったスウェーデン王国ウプサラ大学図書館の関係者にお礼を申し上げたい。被写体の確認作業には、スウェーデン王国スヴェン・アンダシュ（アンデシュ）・ヘディン財団のH・ウオルキスト氏、ウプサラ大学教授S・ローゼン先生、SMMの関係者であるスウェーデン王国ストックホルム在住のH・ルンデン氏、E・マルテンソン氏、A・B・ニルソン氏とS・ウッラ氏、アメリカ合衆国カリフォルニア州ロサンゼルス市在住のハンギン・サイチンガ氏、台湾の台中市在住のトブシンバヤル氏、中国内モンゴル自治区在住のブリンチョグト氏にお世話になった。

　また、編集においては、日本国立民族学博物館小長谷有紀教授、清泉女学院大学芝山豊教授、長崎大学滝澤克彦准教授にお世話になった。また、参考資料の翻訳においては、アメリカ合衆国テキサス州オースティン市在住のメリッサ・カスバガン（Melissa Khasbagan）氏、スウェーデン王国ストックホルム在住のシンジルト・ケレイト（shinjilt khered）氏とスルリゲ・ケレイト（Surlik Kerei）氏にお世話になった。

　最後に、論創社の森下紀夫社長には出版に関してお世話になり、励ましの言葉をいただいた。そのほか、多くの方々のご協力をいただいた。あらためて厚くお礼を申し上げたい。

　本書が桜美林大学の出版助成により上梓が可能になったこと、あらためて心より感謝する。

都馬バイカル

2019年1月30日　桜美林大学にて

◎ 桜美林大学叢書の刊行にあたって

　「隣人に寄り添える心を持つ国際人を育てたい」と希求した創立者・清水安三が一九二一年に本学を開校して、一〇〇周年の佳節を迎えようとしている。

　この間、本学は時代の要請に応えて一万人の生徒、学生を擁する規模の発展を成し遂げた。一方で、哲学不在といわれる現代にあって次なる一〇〇年を展望するとき、創立者が好んで口にした「学而事人」（学びて人に仕える）の精神は今なお光を放ち、次代に繋いでいくことも急務だと考える。

　一粒の種が万花を咲かせるように、一冊の書は万人の心を打つ。願わくば、高度な知性と見識を有する教育者・研究者の発信源として、現代教養の宝庫として、さらには若き学生達が困難に遇ってなお希望を失わないための指針として、新たな地平を拓きたい。

　この目的を果たすため、満を持して桜美林大学叢書を刊行する次第である。

　　　二〇二〇年七月　学校法人桜美林学園理事長　佐藤　東洋士

都馬バイカル

（とば・ばいかる）

1963年、中国内モンゴル自治区シリンゴル盟正藍旗生まれ。1990年、内モンゴル師範大学大学院修了。モンゴル史専攻。1991年、来日。2000年、東洋大学大学院博士後期課程修了。インド哲学・仏教学専攻。文学博士。2001年、新潟産業大学、2008年から桜美林大学准教授。日本モンゴル学会理事、教育史学会会員。主な論著に『内モンゴル歴史概要』（共訳、内モンゴル人民出版社）、『サイチンガ作品集』（内モンゴル科学技術出版社）、『サイチンガ研究』（論創社）ほかがある。

スウェーデン宣教師が写した失われたモンゴル

2021年3月15日　初版第1刷発行

著者	都馬バイカル
発行所	桜美林大学出版会
	〒151-0051　東京都渋谷区千駄ヶ谷1-1-12
発売元	論創社
	〒101-0051　東京都千代田区神田神保町2-23　北井ビル
	tel. 03（3264）5254 fax. 03（3264）5232　http://ronso.co.jp
	振替口座　001601155266
装釘	宗利淳一
印刷・製本	中央精版印刷

© 2021 Toba Baikaru, printed in Japan
ISBN978-4-8460-1960-0